Rippoldsau
Klagstein
907
Seebach
Teufelseck
8865
Kupferberg
Loosburg
730
Schapbach
Sulzerkopf
Sulzbach
Holdersbach
Rocksecke
812
Reinerzau
Tiefenbach
Ellmend Höhe
430
Alpirsbach
Staufenkopf
853
Übelbach
St Roman
Wittichen
Röthbch
419
Reut
Ruckskopf
Heubach
Schenkenzell
358
Bergzell
522
V.Lehengericht
325
Schiltach
Aichhalde
Kinzigthal
H.Lehengericht
362
Mooserkopf
872
Sulzbach

Die mit Sicherheit bekannteste aller Schwarzwälder Trachten ist die in den drei Gemeinden Gutach, Kirnbach und Reichenbach getragene Tracht mit dem Bollenhut, wie ihn hier die Gutacher Hansechristenbauern um das Jahr 1920 präsentieren. Die junge, unverheiratete Dame trägt den (auf Schwarzweißbildern gerne nachkolorierten) roten Bollenhut, die verheiratete den schwarzen.

Leben und Arbeiten im

Mittleren Schwarzwald

Getreideernte beim Schornhof auf der katholischen Grub in Halbmeil, um 1940.

Thomas Hafen und Andreas Morgenstern

Leben und Arbeiten
Mittleren Schwarzwald
in alten Fotografien

SUTTON ARCHiV

Die Bürgermeister des Amtsbezirks Wolfach, 1927.

Einband vorn: Der Klausenmichelshof im Oberwolfacher Ortsteil Rankach.
Vorsatz: Karte des Kinzigtals um 1900. Die meisten Städte der Region entstanden entlang des im württembergischen Loßburg entspringenden Flusses Kinzig.
Nachsatz: Die Gleise der Kinzigtalbahn (links) und die heutige Bundesstraße (rechts) folgen dem Verlauf der Kinzig.
Einband hinten: Kinder in den 1930er-Jahren vor der Einfahrt eines Schwarzwaldhofes. Ihre Arbeitskraft wurde gebraucht – es blieb kaum Zeit zum Spielen.

Impressum
Sutton Verlag GmbH
Hochheimer Straße 59
99094 Erfurt
www.suttonverlag.de

ISBN: 978-3-95400-666-3
Druck: Florjančič Tisk d.o.o. / Slowenien
Gestaltung und Herstellung: Sutton Verlag

Inhaltsverzeichnis

Vorwort und Dank	6
Bildnachweis	7
Einleitung	8
Entlang der Kinzig	9
Um Haus und Hof	29
Tag für Tag	47
Mit eigener Hände Arbeit geschaffen	79
Andere Zeiten – besondere Ereignisse	95
Leben im Kinzigtal	118

Vorwort und Dank

Die vorliegende Bildauswahl stammt zum Großteil aus dem Stadtarchiv Schiltach und dem Archiv des Schwarzwälder Freilichtmuseums Vogtsbauernhof.

Es fällt bei den vorhandenen und uns zugänglichen Beständen auf, dass neben immer wiederkehrenden Motiven gehäuft auch die Bilder von einigen wenigen herausragenden Fotografen auftauchen. Für unsere Region gilt das im besonderen Maße für den renommierten Schwarzwaldfotografien Alwin Tölle, aus dessen Nachlass sich eine kleine Reihe von unbekannten Bildern im Archiv des Freilichtmuseums befindet, sowie für die jeweiligen Geschäftsführer des 1908 gegründeten Unternehmens Foto-Carle in Triberg. Das einstmals vom Kunstmaler Rudolf Rimbrecht eröffnete Fotoatelier wurde vom Triberger Carl Berbereich an seinen einstigen Lehrling Gustav Carle weitergegeben, dessen Enkel Norbert Keßler wiederum die Tradition des Hauses bis heute weiterführt.

Ein weiterer Bestand, der unabhängig von dokumentarischen Angaben allein durch seine Ästhetik als herausragend bezeichnet werden kann, ist das fotografische Werk des als Schwarzwaldmaler berühmten Wilhelm Hasemann, der in den Jahren um 1900, wenn auch ursprünglich nur als Vorstudien zu seinen Gemälden, fotografische Werke von bleibendem Wert schuf. Dem Engagement des Kunstvereins Hasemann-Liebich und der computergrafischen Feinarbeit des Gutachers Ernst Eichin ist es zu verdanken, dass das auf Glasplattennegativen hinterlassene Erbe von Hasemann in digitalisierter Form gesichert werden konnte.

Damit zum Dank, der uns am Herzen liegt. Eine Reihe von Institutionen und Personen war uns in den letzten Monaten sehr hilfreich, indem sie entweder sehr freundlich mit uns auf die detektivische Suche nach Ortsangaben und Jahreszahlen gegangen sind oder uns zur Ergänzung unserer Auswahl einige Bilder für die Reproduktion zur Verfügung stellten.

Unser aufrichtiger Dank gilt in alphabetischer Reihenfolge: Edgar Baur (Wolfach), Hans-Gottfried Haas (Oberwolfach), Dr. Hans Harter (Schiltach), Reinhold Heppner (Bollenbach), Norbert Kessler (Triberg), Dr. Stefan Kirchberger (Stuttgart), Kunstverein Hasemann-Liebich (Gutach), Rudi Leitl (Kirnbach), Jean-Philippe Naudet (Gutach), Michaela Neuberger (Oberharmersbach), Udo Prange (Hausach), Willy Schoch (Schenkenzell),Jürgen Schorn (Wolfach Halbmeil), Martin Schwendemann (Kulturamt Haslach), Hans-Peter Wiedmaier (Alpirsbach).

Bildnachweis

Archiv Schwarzwälder Freilichtmuseum Vogtsbauernhof (Gutach): Titelseite, S. 18, 19, 21, 22, 24 oben, 25, 26, 27, 29, 30 unten, 32, 33, 40 unten, 47, 48, 49, 50, 52, 53, 54 oben, 56 unten, 57, 58 oben, 59, 60 oben, 61, 62 oben, 74, 75, 76/77, 82, 85 oben, 108 unten, 109, 111
Baur, Edgar (Wolfach): S. 20, 93, 94 oben, 101, 102, 103 oben
Foto Carle (Triberg): S. 2, 60 unten, 62 oben, 72, 73,
Fotostudio Wiedmaier (Alpirsbach): S. 12, 13 oben, 36, 37, 70 unten, 71, 116 unten
Haas, Hans-Gottfried (Oberwolfach): S. 42, 43, 86, 87, 90 unten, 113
Haus der Geschichte Baden-Württemberg, Sammlung Metz (Stuttgart): S. 51, Einband-Rückseite
Harter, Hans (Schiltach): S. 105
Kulturamt Stadt Haslach: S. 96, 97, 112 oben
Kunstverein Hasemann-Liebich (Gutach): S. 23, 31, 44, 45, 78, 98, 99, 100 oben
Prange, Udo (Hausach): S. 24 unten, 67 unten
Schoch, Willy (Schenkenzell): S. 38, 79, 88, 89 oben, 91, 100 unten, 112 unten, 114 oben, 115, 117
Schorn, Jürgen (Wolfach-Halbmeil): Einband vorn, S. 58 unten,
Stadtarchiv Schiltach: S. 4, 9, 10, 11, 13 unten, 14, 15, 16, 17, 28, 30 oben, 34, 35, 39, 40 oben, 41, 46, 54 unten, 55, 56 oben, 62 unten, 63, 64, 65, 66, 67 oben, 68, 69, 70 oben, 80, 81, 83, 84, 85 unten, 89 unten, 90 oben, 92, 94 unten, 95, 103 unten, 104, 106, 107, 108 oben, 110, 114 unten, 116 oben, Nachsatz

Tourismuswerbung für das Kinzigtal präsentierte 1949 die ursprüngliche Schönheit des Schwarzwalds.

Einleitung

Ein Bild vorneweg. Das müssen Sie sich vorstellen: ein offenes Fenster. Und dahinter Archivräume. Ringsum an den Wänden raumhohe Schränke mit meterweise Ordnern, alten Karteikästen und beschrifteten Archivboxen. Wenn Sie so weit sind, schließen Sie das Fenster, denken Sie sich Gitterstäbe davor und irgendwo an der Wand, wo noch ein bisschen Platz ist, eine Eisentür. Geschlossen natürlich, denn Archive sind entweder nicht für Besucher gedacht oder aber so sterbenslangweilig, dass die geschlossene Tür (zumindest von außen) niemanden stört. Das in etwa ist unser Arbeitsplatz. Nicht unser einziger und auch nicht immer, aber doch so oft wir es einrichten können. Denn wir sind die Unglücklichen, die diese Verliese immer wieder dienstlich aufsuchen oder zwanghaft ordnen müssen. Und wir sind die Glücklichen, die von Zeit zu Zeit dabei sein dürfen, wenn etwas Schwarzweißes, das oft nur Vergänglichkeit zeigt und damit traurig macht, auf einmal anfängt zu funkeln oder Geschichten zu erzählen. Bilder tun das bisweilen.

Nur leider nicht oft. So ein abgeschiedenes Archivdasein macht je länger es dauert immer weniger mitteilsam. Der Aussagewert von alten Bildern entsteht vor allem im Wissen, das über die gezeigten Motive vorhanden ist, und Wissen hat die Eigenart, mit den Menschen, die es haben, zu verschwinden. So scheint die beste Art, mit alten Bildern umzugehen, die zu sein, sie zu zeigen. In Schubladen nützen sie wenig.

Wir sind vom Zeitalter, das alte Bildbestände digital erfassen oder dem Verfall überlassen muss, dazu aufgefordert, die eingelagerten Bestände vollständig zu sichten und in einer neuen Systematik dauerhaft verwertbar zu machen. Das ist nicht immer so leicht, wie es klingt. Das Schwarzwälder Freilichtmuseum Vogtsbauernhof verfügt allein mit dem fotografischen Nachlass seines Museumsgründers Herrmann Schilli über annähernd zehntausend Dias, Negative und Papierabzüge, von denen viele dem Museum im Lauf von Jahrzehnten geschenkt oder zusammen mit Inventar überlassen wurden. Darunter wiederum finden sich viele nicht beschriftete Bilder von alten Bauernhöfen, gesammelt in Kartons, auf denen als einziger Hinweis die handschriftliche Notiz „Alte Bauernhäuser“ steht. Was haben wir davon? Unschätzbare Quellen, die sprudelnd und trotzig von alten Zeiten berichten? Oder reinen Ballast, der im Grunde nur noch Platz wegnimmt und nicht mal mehr das Papier wert ist, auf dem er gedruckt wurde?

Es ist im Bereich von Schwarzweißfotografien als glücklicher Umstand zu werten, dass die Bestände – anders als die endlose Menge der heutigen Digitalfotografien – überschaubar sind. Rechnen wir vom Beginn der modernen Fotografie in den 1820er-Jahren bis zum Siegeszug der Farbbilder in den 1970er-Jahren, so erhalten wir einen relativ klar definierten Zeitraum, der durch die regionale Eingrenzung auf den mittleren Schwarzwald und die Tatsache, dass nicht viele Zeitgenossen einen Fotoapparat besaßen, letztendlich eine Menge ergibt, die in ihrer absoluten Größe zwar nicht berechenbar, aber zumindest theoretisch doch erfassbar ist.

Und wenn Sie sich jetzt an das Fenster vom Anfang erinnern: Es ist geöffnet. Im Innern des Raumes kann im fotografischen Gedächtnis unserer Landschaft gestöbert werden. Sie sind herzlich dazu eingeladen.

Entlang der Kinzig

Der Ursprung: Die Quelle der Kinzig, aufgenommen vor 1960, ist ein beliebtes Ausflugsziel. Vor allem in seinem Oberlauf ist das Gewässer ein typischer Gebirgsfluss, tief ins Tal hineingeschnitten.

◄ Schneemassen sind wie hier im Winter 1937/38 für Loßburg keine Seltenheit. Auf einer Hochebene zwischen 600 und 800 Meter gelegen, ist die württembergische Gemeinde bei Freudenstadt das Dach des Kinzigtals.

Ausflüge im Winter forderten großes Fahrkönnen. Hier war der Schiltacher Arzt Staehly 1940 mit seinem Opel Olympia aus dem Kinzigtal hinaus nach Rötenberg unterwegs.

◄ Der Alpirsbacher Ortsteil Ehlenbogen ist beinahe im Schnee versunken. Erstmals erwähnt wurde der Ort 1099, wobei er seinen eigentümlichen Namen einer Krümmung der Kinzig verdankt. Nach dem Zweiten Weltkrieg erlebte Ehlenbogen einen Strukturwandel: Tourismus rückte in den Fokus.

Die Kinzig in Alpirsbach. Die darüber gespannte Brücke von der Marktstraße zur Aischbachstraße wurde schon 1778 errichtet und ermöglichte den Weg im Kinzigtal nach Freudenstadt. Ihre überregionale Bedeutung verlor sie mit dem Bau der Reichsstraße.

Der Junge auf der rechten Seite hält stolz einen gefangenen Fisch in die Höhe. 1959 tritt das Rötenbächle, ein Nebenfluss der Kinzig, nach einem heftigen Unwetter über seine Ufer und reißt einen Teil des benachbarten Fahrweges mit.

Die Schenkenburg oberhalb der Kinzig in Schenkenzell, 1925. Die bis zu 16 Meter hohen Reste des Wohngebäudes (Palas) und Teile des Bergfrieds blieben erhalten. Darunter findet sich ein Wehr. Die entlang der Straße errichtete Stromleitung deutet auf die herrschende Modernisierung hin.

Raus in die Natur. So hieß es auch schon in den 1930er-Jahren. Hier erkundeten Schiltacher Schüler den mittleren Schwarzwald – und nutzten eine Pause zur Zeitungslektüre.

In den 1930er-Jahren erweiterte die Motorisierung den Ausflugstourismus. Die frische Luft sorgte auch für kräftigen Hunger. Diese 1932 vom ADAC organisierte Fahrt endete an einem Gasthaus, dem „Café Rieger". Solche Touren sollten zum Kauf von Fahrzeugen animieren.

Der Hohensteinfelsen an der Gemarkungsgrenze zwischen Schiltach und Lehengericht, um 1940. Ein im Frühjahr 1933 hier aufgezeichneter Moskauer Stern, so die amtliche Bezeichnung, zeigte den Widerspruch von Kinzigtälern gegen die NS-Machtergreifung.

Der Dohlenbachwasserfall wird auch Elmlinsberger Wasserfall genannt. Zu finden ist er im Wolfacher Stadtteil Kinzigtal. In vier Gefällstufen rauscht das Wasser des Seitenflusses der Kinzig 30 Meter in die Tiefe. Ein Naturschauspiel, für das sich viele Wanderlustige wie hier im Juni 1927 schon seit Jahrzehnten begeistern.

Einst wurde sie Evangelische Schmelze genannt, die Siedlung im Westen Lehengerichts. Ihren Namen verdankt sie dem Hochofen, in dem in Württemberg, also einst auf protestantischer Seite der Kinzig, geförderte Erze geschmolzen wurden.

Die Wirtschaft „Moosenmättle" auf der Höhe zwischen Wolfach, Lauterbach und Schiltach lud schon früh Sonntagsausflügler ebenso ein wie die Stammtischbesucher. Ein Höhepunkt war 1930 die hier endende Sternwanderung von 25 Musikgruppen aus dem ganzen Kinzigtal. Ab Mitte der 1950er-Jahre wurde das Gebäude umgebaut, doch seit 2006 ist die Wirtschaft geschlossen.

Ein Hof im oberen Kirnbachtal, der wie viele andere schon lange aus der Landschaft verschwunden ist. Die Anlage ist mit giebelständigem Haupthaus und angrenzendem Leibgedinghaus beispielhaft für die sich nach oben verengenden Seitentäler. Der 1974 in die Stadt Wolfach eingegliederte Ort Kirnbach ist eine Streusiedlung, deren Häuser fast alle unmittelbar an der vom Moosenmättle in die Talsohle führenden Landstraße liegen.

Kinzigtal im Kinzigtal. Im Ort, der so heißt wie das Tal, zeigt sich mustergültig die in der Landschaft schon im 17. Jahrhundert bevorzugte Bauweise. Das mit Roggenstroh gedeckte Dach ist als Halbwalm weit heruntergezogen, die im mittleren Geschoss rechts im Giebel eingebaute Fensterreihe – hinter der sich die Stube befindet – ist zur Talseite ausgerichtet und der massiv gemauerte Sockel umfasst im vorderen Bereich das Erdgeschoss, in dem die Ställe untergebracht sind.

Eine malerische Stadtansicht von Wolfach. Am rechten Kinzigufer ragt die ab 1882 erbaute und 1893 feierlich eröffnete evangelische Stadtkirche in den Himmel. Im Hintergrund sind die Baugerüste für die neue Stadtbrücke zu erkennen, die in den Jahren 1937/38 gebaut, doch bereits 1945 wieder gesprengt wurde. Ein Sondertrupp der deutschen Wehrmacht hatte kurz vor Kriegsende mit diesem rigiden und sinnlosen Akt versucht, die von Schiltach her anrückenden französischen Streitkräfte am weiteren Vordringen ins Kinzigtal zu hindern.

Wolfach, Blick von der Stadtbrücke, flussabwärts. Bereits im 14. Jahrhundert von den Fürstenbergern mit dem Marktrecht versehen, entwickelte sich Wolfach schon früh zu einer Siedlung mit kleinstädtischem Flair. Die in der Stadtmitte zum Schutz vor Hochwasser und schweren Eisgängen errichteten Flussmauern, hier auf einer Aufnahme um 1925, schufen malerische Flusspromenaden für die Einheimischen und vor allem auch für die Touristen, die den damals weitgerühmten Kurort bereits im 19. Jahrhundert in großen Strömen besuchen kamen.

Einer der vielen ungezählten kleinen Bäche, die von den verschiedenen Erhebungen des mittleren Schwarzwalds über größere Bachläufe schließlich in die Kinzig fließen. Das vor den 1940er-Jahren aufgenommene Bild zeigt den Klausenmichelshof im Oberwolfacher Ortsteil Rankach unmittelbar gegenüber der Abzweigung Richtung Erzenbach.

Gespräch unter Nachbarsfrauen im Wolftal. Die namensgebende Wolf entspringt nahe der Schwarzwaldhochstraße und fließt durch Bad Rippoldsau-Schapbach und Oberwolfach bis Wolfach, wo sie in die Kinzig mündet. Das Wolftal stellt mit seinen engen Tälern, wilden Bachläufen und mächtigen Bauernhäusern den Inbegriff einer Schwarzlandschaft dar.

D'dritt Ramsbachhof im Gutachtal, seinerzeit ein Doppelhof für zwei Familien, mutet in seiner Erscheinung von 1920 überaus idyllisch an, verweist aber bereits auf ein Problem, das den Schwarzwaldtälern bis heute treu geblieben ist. Viele Flächen, die früher mit Hilfe von Brandrodung oder Mehrfelderwirtschaft als vergleichsweise fruchtbare Äcker genutzt werden konnten, beginnen ohne Bewirtschaftung intensiv zu bewalden.

Auf einem Winterspaziergang im Gutachtal des beginnenden 20. Jahrhunderts. Nicht nur anhand statistischer Klimawerte, sondern auch im Empfinden der älteren Generationen erscheinen die Winter früher als eine harte und karge Zeit, die oft von November bis weit in das Frühjahr hinein mit dichten Schneedecken aufwartete.

Die Gutach, die sich auf dem Schönwalder Hochplateau aus zahlreichen Quellbächen formiert, stürzt bei Triberg über mehrere Stufen insgesamt 163 Meter in den Talkessel. In ihrem weiteren Verlauf durchquert sie Hornberg und Gutach – auf der Aufnahme von 1930 vorbei am Lehmbur, Schüsselebur und Kleinjockelesbur – bevor sie unmittelbar oberhalb von Hausach in die Kinzig einmündet.

Malerisch schmiegt sich Hausach ins Kinzigtal. Der Blick von der Burg zeigt den historischen Stadtkern um 1935. Links ist das Rathaus noch verputzt, im Hintergrund ist das Herrenhaus zu sehen. Am oberen, östlichen Ortsende deutet sich das Gewerbegebiet mit dem Walzwerk Wolf Netter und Jacobi an. Unter politischem Druck ging das Werk 1938 in den Mannesmann-Stahlblechbau über.

Wo die Maschinen und Gefährte nicht hinkommen, ist bis heute der Mensch gefragt. Wie überall im Schwarzwald sind die steilen Hänge des Kinzigtals eine kräftezehrende Herausforderung für die Bewirtschaftung. Hoch über dem Hausach der frühen 1960er-Jahre müht sich der Mäher mit der Kornsense in einem Roggenfeld auf Gemarkung Einbach, eine ehemals selbständige Gemeinde, die wie die gesamte Umlandbesiedelung älter ist als die Stadt. Ab hier weitet sich das Tal, die Hänge rücken auseinander und die Kinzig dringt in die klimatisch milderen Gegenden vor, in denen der Obst- und Weinbau an Bedeutung gewinnen und die Landschaft im Frühling viel früher ergrünt als in den andere Regionen des Schwarzwalds.

In der Kinzigtalgemeinde Mühlenbach am Mühlenbach: Eine von über 1.400 Bauernmühlen, die es im Schwarzwald nach verlässlicher Zählung noch um 1880 herum gab und von denen bis heute kaum noch 300 erhalten sind. Hausmahlmühlen dieser Art versorgten die oft abgelegenen Höfe mit dem notwendigen Mehl, um den Eigenbedarf an Brot zu decken.

◄ Zwischen den Städten Hausach und Haslach gelegen, von 220 Metern Meereshöhe bis hinauf auf den Brandenkopf auf fast 950 Metern: Das Dorf Fischerbach, hier um 1932, erscheint als idealtypisches Schwarzwalddorf. Die Weiden und Wiesen im Tal, die Siedlung, vom Kirchturm überragt, auf der ansteigenden Höhe, darüber die Felder und auf den Höhen schließlich der Wald – die „Sparkasse" des Schwarzwaldbauern und sein gewaltigster Widersacher bei der Offenhaltung der Landschaft.

Für Hausforscher das typische Speichergebäude der Region. Es ist gegen Bodenfeuchtigkeit und Hochwasser durch einen geschosshohen Steinsockel geschützt und darüber mit einer geräumigen Holzkonstruktion versehen, die oft auch Platz für eine oder mehrere Knechtkammern bot. Das abgebildete Gebäude wurde 1746 auf dem Reutebauernhof in Einbach-Hauserbach erbaut und im Jahr 1972 samt dem davorstehenden Bildstock in das Schwarzwälder Freilichtmuseum Vogtsbauernhof versetzt.

Mühlenbach im Mai 1943. Rechts ist der gotische Turm der katholischen Kirche St. Afra (Baujahr 1512) zu sehen. Das Gebäude zeigt sich hier noch in seiner ursprünglichen Form vor der Erweiterung in den 1960er-Jahren. Im Hintergrund schimmert die Haslacher Stadtkirche St. Arbogast durch.

Um Haus und Hof

Die ungünstigen landwirtschaftlichen Bedingungen im mittleren Kinzigtal führten oft zu überdurchschnittlichen Hofgrößen, in denen die bäuerliche Großfamilie nicht selten mehr als 100 Hektar zu bewirtschaften hatte. Wesentlichen Anteil an der Entwicklung dieses Großbauerntums hatte die Kinzigtäler Landesordnung von 1543, in der Graf Wilhelm von Fürstenberg das Anerbenrecht einführte. Danach konnten Höfe nicht mehr unter mehreren Erben aufgeteilt werden, sondern blieben durch die Weitergabe an nur einen Erben in ihrer Substanz erhalten. Der Fortbestand dieser einstmals stolzen Höfe liegt in heutiger Zeit mehr denn je an der Motivation und dem Einfallsreichtum der gegenwärtigen Generationen. Der hier im Zustand von 1920 abgebildete Heizmannshof in Fischerbach-Andersbach wurde 1737 erbaut und lädt, bis heute in Familienbesitz, mit einer gemütlichen Vesperstube und komfortablen Ferienwohnungen im Nebengebäude ein.

Leibgedinghaus des Hasenhofs auf dem heute zu Wolfach gehörendem Elmlisberg. In solchen Gebäuden lebten die früheren Hofinhaber nach der Weitergabe ihres Anwesens innerhalb der Familie. Ihr Nachfolger hatte für sie zu sorgen. Schön zu sehen ist hier ein Resultat landwirtschaftlicher Arbeit: Regelmäßige Pflege fördert die Freihaltung der Landschaft.

Schafe auf sonniger Höhe – bei der Arbeit, wenn man so will, denn die Tiere liefern seit Jahrhunderten Milch, Fleisch und Wolle und bieten selbst bei ihrem heutigen Dienst in der Offenhaltung der Landschaft noch pittoreske Ansichten wie aus dem Bilderbuch. Der prächtige Buchjockenhof im Hintergrund wurde 1801 am jetzigen Standort erbaut und lädt heute mit grandiosen Rundumblicken zu Ferien auf dem Bauernhof ein.

Der kleine Junge, der hier im Jahr 1895 in Gutach auf der Brücke beim Bühlerstein steht, ist Walter Hasemann, Sohn des in Gutach ansässigen Landschafts- und Genremalers Wilhelm Hasemann (geb. 1850 in Mühlberg/Elbe; gest. 1913 in Gutach). Die Aufnahme wurde vom Künstler selber gemacht. Der landesweit bekannte Hasemann nutzte die damals noch moderne Fotografie zu kunstvollen Vorstudien für seine Gemälde und Illustrationen.

Mit großer Wahrscheinlichkeit der älteste Hof in der Region: Der hier auf einer Aufnahme um 1920 zu sehende Oberbauernhof im Gutacher Sulzbachtal wurde bereits 1491 urkundlich erwähnt und muss demzufolge schon früher errichtet worden sein. Im Jahr 1840 unter zwei Brüdern aufgeteilt, ist das als Doppelhof konstruierte Gebäude heute ein beispielhaft modernisiertes Wohngebäude. ►

Selbst eine so vermeintlich hilfreiche Bildbeschriftung wie „Fixenhof in Mühlenbach um 1920“ ist in einem Archiv mitunter wenig nützlich. So gab es in Mühlenbach vormals nicht weniger als vier Fixenhöfe. Das Bild zeigt den vermutlich bereits 1616 erbauten Fixenhof In der Fannis. Im Jahr 1971 komplett neugebaut und 2000 rundum saniert, betreibt der Hof heute neben anderen Standbeinen einen sorgsam sortierten Hofladen mit Gestecken und Kränzen aus eigenem Schnittgut.

In Gutach, an der Bundesstraße 33, direkt gegenüber dem Schwarzwälder Freilichtmuseum Vogtsbauernhof. Eine für sich selbst sprechende Adresse mit Tradition: In der Schreinergasse, hier eine Teilansicht aus den 1920er-Jahren, legte der Zimmermeister Fritz Kaspar im Jahr 1963 den Grundstein für einen Holzbaubetrieb, dessen Firmengelände im Jahr 1981 durch eine imposante Abbundhalle erweitert wurde.

Mühlenanlage in Kirnbach während der Zeit des „Dritten Reichs". Das oberschlächtige Wasserrad ermöglicht eine optimale Energieausnutzung.

Der Eulersbacher Hof in Lehengericht, bereits 1491 erwähnt, gehört zu den prächtigsten Höfen der Region. 1936, als die Aufnahme entstand, gehörte er dem damaligen Bürgermeister Wilhelm Bühler.

An Creszentia Mäntele erinnert sich noch heute mancher Schenkenzeller. Als resolute, aber stets dem Wohl ihrer Gäste verpflichtete Wirtin wird sie beschrieben. Hier ist sie um 1940 gemeinsam mit dem Gedenkkreuz für ihren tödlich verunglückten Vater und mit ihrer Gastwirtschaft zu sehen.

Alpirsbach im Jahr 1953. Die Klosterkirche dominiert die Stadtansicht. Am oberen Bildrand zeigt sich eine abgeholzte Waldfläche. Sie ist das Ergebnis des Franzosenhiebs, so die damalige umgangssprachliche Bezeichnung für Reparationsleistungen in der französischen Besatzungszone. Aber schon in der NS-Zeit waren Wälder stark abgeholzt worden.

Johannes Wiedmaier dokumentierte das Leben in Alpirsbach über viele Jahre. Der 1919 geborene Foto-Drogist arbeitete hier zu Pfingsten 1954 im Klostergarten. Den familiären Fotoladen übernahm er zehn Jahre später. 1984 übergab er das Geschäft in der Aischbachstraße an seinen Sohn.

Aischbachstraße und Reutiner Steige (von links) in Alpirsbach 1941 auf einem Panoramabild. Wie bei vielen anderen Häusern verschwindet das Fachwerkgerüst am Gasthaus „Zum Rössle" hier noch hinter Putz. Die zahlreichen Wagen zeigen an, dass viele Transporte aller Art damals unmotorisiert erfolgten.

Das kleine Reichenbächle mit seiner gleichnamigen Wirtschaft schrieb 1956 Geschichte. Erstmals wechselte nach der Gründung Baden-Württembergs eine Gemeinde aus dem württembergischen Landesteil nach Baden. Ein wichtiger Grund für die Eingemeindung nach Lehengericht: Sie erleichterte den ersehnten Anschluss an das Stromnetz. ►

Es war am 22. Juni 1922 ein Großeinsatz für die Feuerwehr in Schenkenzell. Das Gasthaus „Alter Ochse" des Wirts Willibald Armbruster brannte nach einem Blitzeinschlag in den Morgenstunden bis auf die Umfassungsmauern nieder.

Fachwerk – schief und krumm. So präsentiert sich hier das einstige Färberhäusle in Schiltachs Gerberviertel. 1930 wurde das Gebäude von 1601 abgerissen. Hühner und andere Nutztiere nebenbei zu halten war einst keine Seltenheit. ►

Die untere Ebene aus Stein, darüber viel Holz und schließlich ein Strohdach: Das Gebäude des Lindenbauernhofs in Ippichen zeigte sich 1935 als Vertreter einer für das Kinzigtal typischen Bauweise.

Nicht nur eine Landschaft von Bauernfürsten. Wenn auch weit seltener fotografiert als die mächtigen Bauten der Großbauern, bestand ein Großteil des Kinzigtäler Hausbestands aus den Anwesen von Kleinbauern, Handwerkern oder Tagelöhnern. Das Steighäusle bei der Krummen Waage in Oberwolfach brannte 1951 ab und wurde nicht wieder aufgebaut.

Fast schon verwunschen zeigt sich dieses Haus im Oberwolfacher Weiler Frohnbach. Ein Musterbeispiel für bäuerlichen Pragmatismus: An- oder umgebaut wurde dann, wenn es nötig war, und mit dem, was man hatte.

Einstmals eine Dorfmitte und eine Institution: Der Oberwolfacher Ortsdiener Rauber mit seiner Frau im Jahr 1926 vor ihrem Wohnhaus. Die leere Stelle, die das Gebäude bei seinem Abbruch 2008 hinterließ, dient heute als Parkplatz.

Mit einem Aufnahmedatum um 1900 ist dies eine der ältesten erhaltenen Fotografien in der Region. Anstelle der damals in Oberwolfach an der Ortsdurchfahrt talaufwärts ansässigen Bäckerei Reinauer steht heute eine moderne Bäckerei, anstelle des damaligen Schulhauses eine Filiale der Volksbank. Die erkennbare Kastanienallee wurde 1945 teilweise gefällt, um Straßensperren gegen die einmarschierenden Franzosen zu errichten.

Der 1951 abgebrannte Kirchenbauernhof in Oberwolfach war zum Zeitpunkt der Aufnahme im Jahr 1926 Gemeindebesitz und wurde zeitgleich von mehreren Familien bewohnt.

Kein Armenhaus, kein Bauernhaus. Die unverkennbar von Wilhelm Hasemann stammende Aufnahme aus dem Jahr 1895 zeigt die Frau des Künstlers, Luise Hasemann, geb. Lichtenberg, mit dem gemeinsamen Sohn Walter vor dem Wohnhaus der Familie. Im Hintergrund rechts das Künstleratelier.

Keine Bauersfrau, kein Bauernkind. Höchstwahrscheinlich am selben Tag aufgenommen, zeigt sich die (wie ihr Gatte) aus Mühlberg an der Elbe stammende Luise Hasemann in der bäuerlichen Tracht der einheimischen Bäuerinnen – die eher kaum mit ihren Kindern beim Spielen gesehen wurden.

Ein Wohnzimmer 1936. Selbstbewusst präsentierte sich ein Holzhauer gemeinsam mit seiner Frau kurz nach der Silbernen Hochzeit. Es handelte sich sicherlich um Protestanten. Statt eines Kreuzes hängt hier eine Erinnerung an die gemeinsame Jubelfeier im Herrgottswinkel.

Tag für Tag

Der Rhythmus des bäuerlichen Lebens wurde von den Jahreszeiten und den Erfordernissen des Tages bestimmt. Das Tagewerk begann, wenn die Arbeit rief, und endete, wenn die Arbeit getan war. Die Anstrengungen und Mühen der ländlich-bäuerlichen Bevölkerung dienten der Erwirtschaftung der für den Lebenserhalt notwendigen Lebensmittel. Wie viele Menschen ein Hof ernähren konnte, wurde nicht nur vom Fleiß seiner Bewohner oder ihrem Geschick in der Vorratshaltung bestimmt. Es galt, auf das Glück bei der Ernte oder – um für den frommen Menschenschlag zu sprechen – auf den Segen des Himmels zu hoffen.

Die Küche war ein ungemütlicher Arbeitsraum. Je nach Wetterlage staute sich hier der Rauch und griff die Augen und Atemwege der Frauen an, die hier tätig waren. So ungesund jedoch der Rauch in den kaminlosen Schwarzwaldhäusern war, so unverzichtbar war er doch für die Haltbarmachung der Lebensmittel und die Konservierung des Holzes, aus dem das Haus gebaut war.

Ebenso unverzichtbar wie selbstverständlich und allgemein üblich: Im überdachten Brunnen des Fixenhofs im Fannis in Mühlenbach wurden Milch, Käse und Most gekühlt. Selbst im Sommer konnte das Quellwasser im Milchhäusle konstante 3 bis 4 Grad Celsius halten. Der nicht überdachte Teil des Brunnentroges bot dem Vieh eine Tränke und dem Mensch den oft einzigen Waschplatz auf dem Hof.

Waschtag auf dem Fixenhof im Fannis in Mühlenbach. Bis in den 1960er-Jahren die Waschmaschinen auch im ländlichen Raum Einzug hielten, war die große Wäsche – wenn auch nur zwei Mal im Jahr – eine mehrtägige, kräftezehrende (und auch ungesunde) Arbeit für die Frauen, zumal jeder einzelne Schritt vom Einweichen der Wäsche, über das Reiben auf dem Waschbrett bis zum Auswringen, Auslegen und Mangeln von Hand erledigt werden musste.

Sommer 1952. Post von Briefträger Fritz Blum für Frau Christine Aberle, geb. Summ. Die als Schondelmaier-Christi bekannte Bäuerin bewohnte – mit der Besitzerfamilie Aberle weder verwandt noch verschwägert – als alleinstehende Unverheiratete den Vogtsbauernhof in Gutach.

Ein kleiner Ausflug weg vom Kinzigtal – die Bergsilhouette und das Hausdach sprechen für den Hochschwarzwald. Ein Grundsatz, der bis ins 20. Jahrhundert für den gesamten Schwarzwald galt: Für die Ernährung wie für die Rohstoffversorgung ist Viehhaltung unerlässlich. Aber Stallhaltung ist teuer und aufwändig, sodass Kühe und Ziegen, sobald es die Witterung zulässt, zum Grasen auf die höhergelegenen, steilen und oft nur kärglich bewachsenen Weiden gebracht werden müssen.

Die gleiche Zeit – in den 1930er-Jahren – und vermutlich derselbe Hof, aber für das Leben der Kinder, für Mädchen wie Buben, galt überall dasselbe: Dass sie von klein auf mitanpacken mussten, war selbstverständlich. Ihre Arbeit wurde in der Landwirtschaft gebraucht. Zwischen Hof und Schule war die Zeit zum Spielen knapp bemessen.

Feldarbeit war immer auch Frauen- und Kinderarbeit. Der traditionelle Bauernhof ist ein Familienbetrieb, der die Lebensgrundlage der Bewohner gemeinsam erwirtschaftet. Familienmitglieder waren die billigsten Arbeitskräfte. Die Zahl der Mägde und Knechte, die früher auf einem Hof selbstverständlich waren, nahm ab 1920 stetig ab.

Herbst des Lebens? In glücklichen Fällen bestand die Altersausstattung aus einem eigenen kleinen Anwesen, dem Leibgeding. Im Regelfall halfen die Alten auf dem Hof mit, bis es der körperliche Zustand nicht mehr zuließ.

Sommer 1952, morgens um neun im Gutachtal. Wie hier beim Michelsbauernhof wurde die Feldarbeit im Schwarzwald zweimal am Tag – morgens zum Z'Nüni und mittags zum Vesper – für eine Mahlzeit mit Käse, Speck, Brot und Most unterbrochen.

Männerarbeit. Noch als es längst Traktoren gab, blieb das Pflügen in den Hanglagen eine mühselige und risikoreiche Arbeit, die nur mit einem Pferde- oder Ochsengespann bewältigt werden konnte.

Auch Kinder mussten bei schweren Arbeiten in der Landwirtschaft mithelfen. Die beiden Jungen im Oberwolfacher Rankachtal führen hier in den 1930er-Jahren am zweispännigen Joch. In den Zwanzigern hatten die Viehbestände massiv abgenommen, nun erholten sie sich leicht. Aber die Rindfleischpreise blieben niedrig.

Gleich vier Zugtiere sind diesem Pflug vorgespannt. Maschinen waren für viele Landwirte vor dem Krieg noch viel zu teuer. Erst in den 1950er-Jahren erlebte die Motorisierung einen großen Schub. Aber zumindest auf den Höfen selbst erleichterten jetzt Elektromotoren die Arbeit.

◄ Landwirtschaft war noch lange schwere Handarbeit. Wie hier auf dem Elmlisberg mussten im Sommer 1942 im Krieg neben den Zwangsarbeitern auch ältere Hofbewohner für die Sicherung der Ernährung arbeiten, da die jüngeren Bauern vielfach an der Front dienten.

Heuernte mit Pferdewagen. Beim ersten Schnitt im Frühsommer wie auch beim zweiten im Spätsommer – beim Öhmd wie es hierzulande genannt wird – mussten die getrockneten Gräser und Kräuter vor dem nächsten Regen unter Dach und Fach gebracht werden.

◄ Nicht nur hier, beim Entfernen der Wurzelreste von der Egge, bewiesen Frauen neben der gering geachteten Hausarbeit und Kindererziehung ihre unverzichtbare Arbeitskraft.

Was für das Heu galt, galt nicht weniger für das Korn, das zumeist auch nur dem Eigenbedarf diente. Um nicht von einer einzigen Ernte abhängig zu sein, wurde neben Roggen noch eine zweite Getreideart angebaut.

Ein Sonntag in den Jahren um 1940 auf der Katholischen Grub in Halbmeil. In Abgeschiedenheit und traumhafter Lage, hoch über den Dächern von Wolfach, lädt der seit 1861 in Familienbesitz befindliche, inzwischen komplett modernisierte Schornhof seine Gäste heute zu Feiern und Ferien ein.

Bauernbrot? Was man früher als das tägliche Brot nur so und nicht anders kannte, ist heute eine rustikale, mit Sauerteig gebackene Variante unter unzähligen anderen.

Bevor Äpfel und Birnen in der Trotte ausgepresst werden konnten, mussten sie in der Obstmahle zerquetscht werden. Die Vorrichtung bestand aus einem gekrümmten, oben ausgehöhlten Baumstamm und einem ausgedienten Mahlstein, der an einer Stange darin hin- und herbewegt werden konnte. Eine Arbeit, zu der, anders als auf der Abbildung, normalerweise keine Festtagstracht getragen wurde.

◄ Apfelernte. Was auf dem Bild so aussieht wie Großvaters schönste Gartenarbeit im Herbst, ist für die Obstbauern im Kinzigtal eine Arbeit, deren Ertrag entscheidet, wie gut oder schlecht das Jahr war.

Zumindest so viele Apfelbäume mussten auf jedem Schwarzwaldhof stehen, dass es im Herbst zu frischem Apfelsaft, federweißem Risser oder dann vergorenem Apfelwein, dem beliebten und ganzjährig getrunkenem Most, reichte.

Sommer um 1922, zum Mittagstisch im Gutachtal. Die beinahe klassische Sitzordnung einer Schwarzwälder Hofgemeinschaft: Unter dem Herrgottswinkel der Hofbauer am Kopfende, rechts von ihm der älteste Sohn (oder älteste Knecht), der Vorderste auf der Fensterbank, an dessen Ende der jüngste Sohn (oder Stallbursche) sitzt. Gegenüber auf den Stühlen die Mädchen und Frauen, ganz vorne zur Seite des Hofbauern dessen Frau, die Hofbäuerin.

Der westliche Zugang zum Wolfacher Schloss um 1936. Noch ließ der relativ geringe Autoverkehr zu, mit Fahrrad und Kinderwagen mitten auf der Straße in die Stadt hinein zu laufen.

Schule und Hofpflichten standen sich oft gegenüber.
Hier zeigt sich ein Hirtenjunge im Mai 1935.

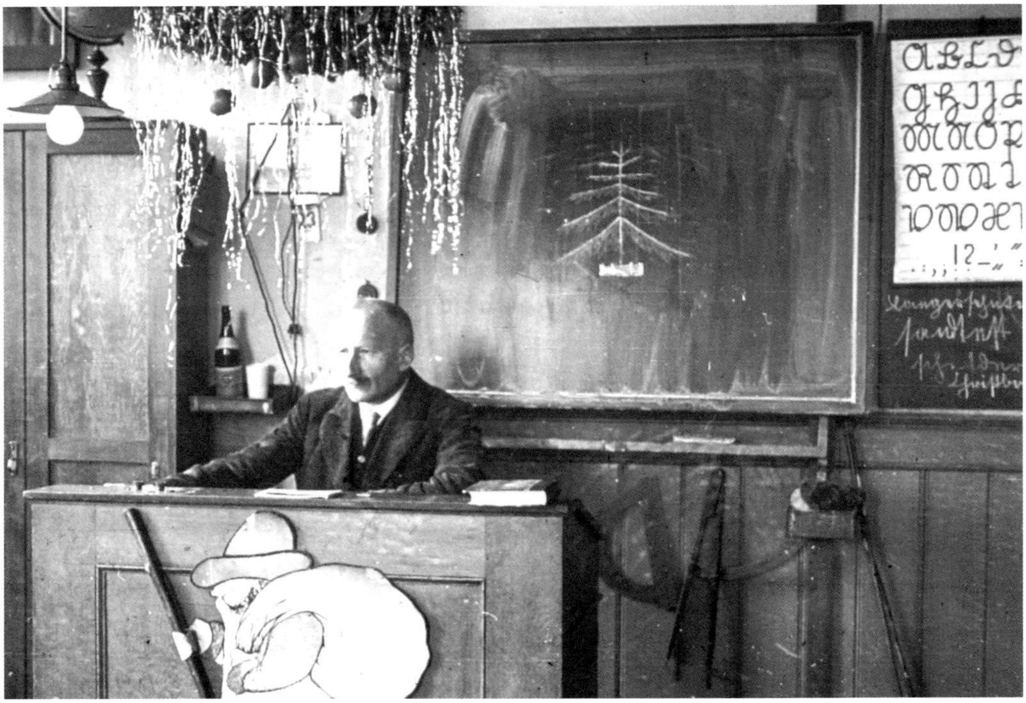

◄ Oberlehrer Georg Ruckelshausen in der Schiltacher Volksschule zur Weihnachtszeit 1936. Er soll ein strenger, aber gerechter Pädagoge gewesen sein. Letzteres war besonders wichtig, denn Schläge auf die Finger waren zu dieser Zeit keine Seltenheit. Geachtet werden sollte dabei allerdings darauf, die Hiebe zu verteilen.

Nicht ganz ungefährlich: Kinder an einem Wehr in der Kinzig. Aber Spaß gemacht hat es offensichtlich. Auf dem Bild aus den 1930er-Jahren schimmert die im Tal weithin sichtbare St. Michael-Kirche in Fischerbach durch.

◄ Tägliche Handarbeit, wie hier Holzspalten, fand einst noch oft direkt an der Straße vor den Augen der Nachbarn statt.

Der dritte Kriegswinter 1941/42 war wie hier in Schiltach in ganz Europa erneut besonders kalt und schneereich. Während die Bewohner der Grünstraße kaum noch wussten, wohin mit dem Schnee, wirkte sich der Wintereinbruch an der Ostfront vor Moskau katastrophal auf die Soldaten aus. ►

Der Zeppelin im Schwarzwald. Auch für viele Menschen in Schiltach war dies 1935 ein Hingucker. Wie kaum ein anderes Transportmittel sprach das Luftschiff die Technikbegeisterung vieler Menschen an.

Das bis dahin verputzte Haus erhielt 1937 sein Fachwerkgesicht zurück. Doch erst zwölf Jahre später wurde hier im Rathaus richtig gejubelt: Badens Staatspräsident Leo Wohleb überreichte die Urkunde, die Hausach den 1935 aberkannten Stadttitel wiederverlieh. ►

So präsentierte sich ab 1942 das Schiltacher Rathaus, mit Hakenkreuzfahne und einem Zitat Adolf Hitlers auf der Fassade. Beides wurde hier dargestellt als auf den Traditionen, z.B. der Flößerei und der Geschichte des Teufels von Schiltach, fußend. Entwurf und Umsetzung verantwortete der Wolfacher Künstler Eduard Trautwein.

Nunmehr zeigte sich die Fahne im Schiltacher Weiß-Rot (allerdings sind die Farben verdreht), das Hitler-Zitat wurde übermalt. Nach der Besetzung verschwand die NS-Propaganda von der Fassade. Die Änderung war recht preisgünstig: Maler August Wolber schrieb dafür im Juli 1945 eine Rechnung über 6 Mark.

◄ Im September 1955 rauschte ein Zug der Baureihe 39 der früheren Reichsbahn über ein Gleis der Schwarzwaldbahn in der Eisenbahnerstadt Hausach. Gebaut wurden die Lokomotiven 1922–1927; sie zeugten noch vom Dampfzeitalter. Nach einiger Verzögerung konnte erst 1975 die Elektrifizierung der Strecke abgeschlossen werden.

Der Wirtschaftsaufschwung der 1950er-Jahre zeigte sich auch in Alpirsbach. Die seit den 1930er-Jahren hier metallverarbeitende Firma Franz Hettich baute ihr Werk an der Freudenstädter Straße aus. Die Ursprünge des Unternehmens gehen zurück auf Karl Hettich, der 1888 in Schramberg eine Handbiegemaschine entwickelte. Am Rand der Bundesstraße 294 ist die typische Motorisierung der Zeit erkennbar.

◄ Das Rötenbacher Freibad entstand 1932. Rasch entwickelte es sich zu einem Anziehungspunkt für die Badefreudigen aus der ganzen Region, war es doch moderner ausgestattet als die Freibäder anderswo.

Drei charmante Mühlenbacherinnen, um 1900 aufgenommen, geben ein eindrucksvolles Zeugnis für die einmalige Schwarzwälder Trachtenlandschaft. Alle Trachtenelemente, von der Haube bis zu den Schuhen, konnten mit regionalen Werkstoffen selbst gefertigt werden.

Aus der einstmals häuslichen, von Frauen und Kindern betriebenen Strohflechterei wurde im 18. und 19. Jahrhundert, konzentriert in der Gegend um Furtwangen, ein vorindustrielles Gewerbe.

Gutach um 1900. Wenn der Winter nahte, wurde es für die Frauen Zeit, nicht nur in Gutach, warme Sachen zu stricken.

Kleiner Ausflug über das Landwassereck Richtung Elztal nach Oberprechtal. Selbstgewähltes Miteinander oder erduldetes Nebeneinander? Das vermutlich vor 1930 entstandene Bild steht als Beleg für das im Schwarzwald wie überall im bäuerlichen Umfeld unabdingliche Zusammenwirken der alten und jungen Generation.

Frau in Festtagstracht am Brunnen in Gutach, um 1920. Vom Fotografen gestellt oder wirklich direkt aus dem Leben? Eine Bewertung sollte berücksichtigen, dass Schnappschüsse wie zu heutiger Zeit erst mit modernen Kameras möglich waren, und Menschen, die nur selten in ihrem Leben fotografiert wurden, möglichst im besten Licht getroffen und von ihrer besten Seite gezeigt werden wollten.

Ein kleiner Ausflug, nach Haslach rechts der Kinzig das Tal hoch nach Oberharmersbach: Feierabend im Lipsenhof. Das um 1935 entstandene Foto zeigt eine abendliche Zusammenkunft von Familienmitgliedern, Freunden und Nachbarn – eine Lichtstub. Auch nachdem der Hof 1974 abgebrannt war, wurde im

dann neu gebauten Lipsenhof die alte Tradition des gemeinsamen Singens und Erzählens oft mehrmals die Woche weitergeführt. Bis zur Stunde wird der Hof für seine offene Tür für Freunde und Gäste gerühmt.

Viel zu erzählen. Heute mitunter auch abschätzig Dorffunk genannt, war der tägliche Austausch auf der Straße, unter der Tür oder wie hier am Fenster vermutlich das, was heute Fernsehen ist: allen eine Informationsquelle und vielen die liebste Beschäftigung.

Mit eigener Hände Arbeit geschaffen

In der Schenkenzeller Schmiede von Otto Fürst erhielt ein Pferd frische Beschläge. Unterstützung bekam der Schmiedemeister vom Knecht des Gasthauses „Ochsen“, Wilhelm Jehle, der die Hufe hält. Die zahlreichen Zuschauer im Hintergrund empfanden wohl noch 1930 eine Fotoaufnahme als etwas Besonderes.

◄ Der Holzreichtum des Schwarzwalds machte die Kinzigflößerei über viele Jahrhunderte zu einem zwar gefährlichen, aber auch einträglichen Gewerbe. Im späten 19. Jahrhundert geriet sie aber immer mehr in Konflikt mit der aufkeimenden Industrie, die das Wasser ebenfalls nutzbar machen wollte.

Errichtung eines Wasser anstauenden Wehrs bei Halbmeil, um 1894. Die zahlreichen Sperrbauwerke erforderten eine aufwendige Pflege. Um den Flößen die Durchfahrt zu ermöglichen, waren die Dämme beweglich. Noch heute finden sich solche Spuren des alten Transportgewerbes in der Kinzig.

◄ Schiltacher Flößer um 1890. Vier Jahre später sollte aus der Kinzigtalgemeinde das letzte gewerbliche Floß Richtung Rhein fahren. 1895 fuhr das letzte Floß aus Wolfach ab. Die Eisenbahn durch das Tal hatte sich als günstigeres Transportmittel durchgesetzt.

Eine mühsame, über Jahrhunderte zäh geübte Art, den bewaldeten Hängen landwirtschaftliche Nutzflächen abzugewinnen war das Rüttibrennen. Nach Einschlag der Brennholzbestockung wurde das Reisig auf der Fläche verteilt, angezündet und mit Eisenhaken, die an langen Stangen befestigt waren, hangabwärts gezogen. Mit der untergehackten Asche als Dünger folgte im Herbst zum einjährigen Getreideanbau die Einsaat von Winterroggen, bevor man die Hänge nach mehrjähriger Nutzung als Weide wieder sich selbst überließ.

Zu den frühesten Waldgewerben, die zum Teil auch von den Bauern im Nebenerwerb ausgeübt wurden, zählt die Köhlerei, bei der Holz in einem kontrollierten Prozess zu Kohle verschwelt wird. Die dafür aufgebauten Meiler rauchten meist in der Nähe von Bergwerken oder unmittelbar in der Nähe des Holzeinschlags, auf dem Bild – gefährlich nahe an den besiedelten Flächen – bei Bad Rippoldsau.

Rindenschälen beim Oberwolfacher Romaneshof in der Mitte der 1930er-Jahre. Die von Eichen geschälten Rinden dienten als Grundmaterial für die Lohgerberei.

Von Jung bis Alt arbeiteten alle Generationen nach ihren Möglichkeiten auf dem Hof mit, wie diese 82-jährige Frau 1935. Für die Holzarbeit nutzte sie eine Säsle (Hackbeil).

Ältere Kirnbacher erinnern sich bis heute gut an den Schreiner und Dachdecker Christian Esslinger, der sein Handwerk bis in die Urenkelgeneration weitergegeben hat. Seine Nachkommen verstehen es bis heute, die gewaltigen Schwarzwalddächer wie früher mit dem wegen seiner Länge und Elastizität verwendeten Roggenstroh zu decken.

Neudeckung eines Hofdaches mit Stroh. Dicht hielt so ein Hausschutz 25 bis 30 Jahre, je nach Wettereinfluss. Aus Sicherheitsgründen wurden um Abzüge herum vereinzelt Dachschindeln und über den Hauseingängen oft auch Tonziegel verwendet.

◂ Keine Arbeit für einen allein und auch nicht für Schwächlinge: Für den Wegebau im Wald und auf den Feldern mussten noch bis weit in das letzte Jahrhundert hinein Steine mit Muskelkraft geklopft werden.

Bergarbeiter der Oberwolfacher Grube Clara vor dem Stollenmundloch Clara-Norden, um 1906. Als letztes noch aktives Bergwerk der Region fördert die Grube Clara bis zum heutigen Zeitpunkt Schwer- und Flussspat.

◂ Der Abtransport von Schwerspat zeigt sich hier um 1900 noch als eine mühselige Knochenarbeit. Der im Schwarzwald im 9. Jahrhundert begonnene Bergbau war ein entscheidender Faktor bei der Besiedlung der Landschaft. Bis es überall unrentabel wurde, grub man neben Eisen, Kupfer und Blei von der Nagold im Norden bis zum Rhein im Süden vor allem nach Silber.

Frühe Spuren der Motorisierung im Kinzigtal: Der Backnanger Nutzfahrzeughersteller Kaelble produzierte diese dreiachsigen Dieselzugmaschinen Z6R. Gleich mehrere Holländerstämme konnten hier 1936 zur Kinzigtalbahn transportiert werden. ▶

Johannes Armbruster von der Schenkenzeller Winterhalde war 1932 mit seinem Ochsengespann auf dem Weg zur Waldarbeit. Hart war der Broterwerb für die Landwirtschaft gerade in diesen Jahren der Wirtschaftskrise. Dennoch galten die Worte des Schenkenzeller Pfarrers Alois Siegel: „Wer Wald hatte oder sich mit Viehzucht beschäftigte, hatte sein Auskommen, die anderen lebten kümmerlich."

Verladung von Holzrinden in Wolfach, 1926. ▶

KAELBLE
200 PS

Stuttgart
Stuttgart

Eine Gruppe Waldarbeiter, 1934.

Der Fortschritt findet wie immer seine Wege. Zuerst auf den Flüssen, dann auf den Schienen und schließlich im Zeitalter des Automobils – hier mit einem Trupp Teerarbeiter in den 1920er-Jahren – auf der Straße.

Traditionelles Handwerk wird noch in der jungen Bundesrepublik gepflegt. Gründlich erneuert hier der Schuhmacher Karl Harter in seiner Werkstatt auf der Schenkenzeller Spannstatt einen Stiefel. Die später um sich greifende Wegwerfgesellschaft bedrohte solche Handwerksbetriebe noch nicht so stark wie heute.

Die Schiltacher Häuser Gerbergasse 12 (rechts) und 14 um 1940. Das Gebäude der Weißgerberei Trautwein versteckt noch sein Fachwerk hinter Putz. Der Steg über den Gerbereikanal musste 1959 wegen der steigenden Traglasten, denen er nicht mehr gewachsen war, ersetzt werden.

Lederherstellung, wie hier in der Weißgerberei Wilhelm Trautwein, kann in Schiltach auf eine lange Tradition zurückblicken. Zahlreiche Gerbereien, gerade im Gerberviertel am unteren Ortsende, kennzeichneten einst die Stadt.

Die Zunft der Seifensieder hat mit dem Wolfacher Theodor Armbruster seinen berühmtesten Vertreter. Als Theodor, der Seifensieder wurde er durch den Dichterpfarrer Heinrich Hansjakob zur literarischen Figur. Das Bild zeigt sein Haus in der Vorstadtstraße in Wolfach.

Küfer in der Wolfacher Schloßstraße um 1910 bei der Arbeit. Nicht nur Fässer und Bottiche: Die in Zünften organisierten Küfer lieferten bis zur Industrialisierung, von der sie zur Spezialisierung gedrängt wurden, Gefäße aller Art.

Die Beschaffung von Lebensmitteln und Haushaltswaren erfolgte im ländlichen Raum lange durch Selbstversorgung und Tausch. Die Entwicklung zur Selbstbedienung begann in den städtischen Einkaufsläden. Eine gute Adresse in Wolfach war 1905 das Warenhaus von Josef Krausbeck am Schützeneck.

Familie Kirgus verkaufte in diesem Gebäude in der Schiltacher Bachstraße von 1920 bis 1976 Fahrräder und Hausgeräte. Ganz ungefährlich war der Standort am Schiltachsteg aber nicht – noch schützte keine Hochwassermauer die Gebäude. Die Aufnahme stammt aus dem Jahr 1936.

Andere Zeiten – besondere Ereignisse

Der Peter-und-Paul-Markt in Schiltach blickt auf eine lange Tradition zurück. Händler lieferten noch 1929 für den Alltag benötigte Güter. Nicht nur für die Kinder war so ein Markt ein Erlebnis.

Die Marktstadt Haslach im Kinzigtal lebt ihre große Tradition bis heute mit jährlich fünf großen Jahrmärkten fort. Der hier um 1920 hinter der Klosterkirche stattfindende Eier-, Butter- und Käsemarkt würde mit seinem Angebot heute aber schon von einem gewöhnlichen Wochenmarkt überholt.

Haslacher Obstmarkt 1934 im Klostergarten des Kapuzinerklosters.

Haslacher Viehmarkt in den 1930er-Jahren in der Hofstetter Straße.

Der bis heute jährlich und immer noch zum selben Termin stattfindende Maimarkt in den Jahren um 1935.

Die in den Jahren vor 1900 von Wilhelm Hasemann aufgenommene Bilderserie zeigt einen Gutacher Brautzug, wie er auch, verschieden variiert, in Gemälden des Künstlers wiederauftaucht. Hochzeiten wurden meist – und wenn, dann natürlich in Sonntagsstaat und Festtagstracht – von der ganzen Gemeinde mitgefeiert.

◂ Im Gutachtal vor 1900. Fahrendes Volk bringt einen Hauch der großen weiten Welt. Schausteller und Zirkusleute konnten sicher sein, den staunenden Blick der Landbevölkerung auf sich zu ziehen, zumal, wenn sie exotische Tiere mit sich führten.

Das Kinzigtal zählt heute zu den Hochburgen der Schwäbisch-Alemannischen Fastnacht. Als eines der herausragenden Narrennester feiert die Wolfacher Fasnet, hier auf einer Aufnahme von 1911, fröhliche Urstände.

◂ Eine goldene Hochzeit war 1930 ein seltenes Ereignis. Andreas und Genovefa Sum vom Winterhaldenhof durften es feiern. Im mit Hochzeitsmaien geschmückten traditionellen Zweispänner ging es zur Kirche. Wie die Werbung für Automobilöl auf der rechten Seite andeutet, nahm zugleich die Bedeutung des modernen Transports im Kraftfahrzeug zu.

▲ Wolfach: letztes Floß mit Flößern.

Das für lange Zeit letzte Kinzigfloß ging im August 1929 im Rahmen des Schwarzwälder Trachtenfestes von Wolfach aus flussabwärts ab. Noch zwischen 1858 und 1887 hatten 3.737 Flöße aus dem Amtsbezirk Wolfach zwei Millionen Kubikmeter Holz transportiert.

◄ Groß war der Jubel, als Badens Großherzogin Hilda im Ersten Weltkrieg 1915 das Reservelazarett in Schiltach besuchte. Untergebracht war es in der Volksschule. Die Realität von Tod und Leid des Weltkriegs blieb bei derlei Veranstaltungen ungezeigt.

Weihe des Banners der Schiltacher Ortsgruppe des Reichsbanners Schwarz-Rot-Gold 1929. Die Kriegsveteranenorganisation arbeitete vor allem für die Erhaltung der Demokratie in Deutschland. Die Fahne wurde 1933 vom Vereinsmitglied Gottlieb Trautwein auf seinem Dachboden versteckt und überdauerte so die NS-Diktatur.

◄ Im Ersten Weltkrieg mussten die Kirchenglocken als Metallspende abgeliefert werden. Wie in vielen anderen Orten konnten 1922 die Schiltacher die Rückkehr eines vollständigen Geläuts feiern. Zwei Jahrzehnte später sollte bereits der nächste Krieg auch dieses wieder dezimieren.

◄ Freiheit unter Gleichaltrigen, mit zahlreichen Ausflügen heraus aus dem engen Zuhause: Auch dafür stand die Evangelische Jugendbewegung.

Sommersonnenwendfeier am 21. Juni 1928 auf dem Fohrenbühl. 1923/24 war hier, direkt an der Grenze zwischen Württemberg und Baden, die frühere Turmhütte zu einem Kriegsgefallenen-Gedächtnishaus des Württembergischen Schwarzwaldvereins umgebaut worden.

◄ Noch wussten sie nicht, welches Schicksal ihnen bevorstand. Rekruten des Jahrgangs 1919/20 verabschiedeten sich 1939 zum Dienst in der Wehrmacht. Mehr als 200 Schiltacher und Lehengerichter wurden im Krieg getötet.

Demonstrationen und Uniformen gehörten im „Dritten Reich“ immer mehr zum Alltag. Hier marschieren Schiltacher Schüler hinter einer Hakenkreuz- und einer schwarz-weiß-roten Reichsfahne Richtung Schule. Ab 1935 wurde überall praktisch allein die NS-Fahne gezeigt.

Wie hier bei einer Erntedankfeier in Gutach zu sehen, hatte die NSDAP schon kurz nach ihrer Machtübernahme 1933 in allen Schwarzwaldgemeinden regen Zulauf.

Am Kreistag der NSDAP im Jahre 1935 oder 1936 führte der Aufmarsch der Partei mit SA-Leuten und den Zügen der Hitlerjugend von Wolfach aus auch hinauf nach Kirnbach.

Kirnbacher Trachtenträgerinnen beim Umzug zur Schiltacher Heimatwoche 1953. Ihr Bollenhut, den sie mit den Gutacherinnen „teilen“, dient nicht erst seit dem Film „Schwarzwaldmädel“ von 1950 als Symbol für den Schwarzwald. Der bekannte Maler Curt Liebich sagte einst gar, die Kirnbacherinnen hielten die Tracht für „fast noch echter“ als ihre Nachbarinnen.

Die Loßburger Trachtengruppe. Der Schäppel wird von unverheirateten Frauen zwischen Konfirmation und Hochzeit getragen. Die getragenen Farben deuten den protestantischen Hintergrund der Kleidung an.

Eine Hochzeit im Wolftal mit den vertrauten Elementen Tracht und Brautbaum.

◄ Die traditionellen Formen leben weiter: Pferdesegnung in der Haslacher Altstadt am 1. Mai 1951.

Der Trost des Beständigen im religiösen und privaten Raum: Weihnachtsbescherung auf dem Fegerhof vor Gelbach im unteren Wolftal.

◄ 1949 kehrte in Schenkenzell ein Stück Nachkriegsfreude ein. Am Vorabend des Luitgardfestes konnten die neuen Glocken geweiht werden. Hierzu war auch Erzbischof Dr. Wendelin Rauch zu Gast. Ihm voran schritt Pfarrer Alois Siegel gemeinsam mit den beiden Pfarrern Enderle und Belzer. Das Luitgardfest wird in der Gemeinde in Erinnerung an eine Äbtissin des Klosters Wittichen im 14. Jahrhundert begangen.

◄ Akkurat nach Größe aufgestellt präsentierten sich 1954 die Schenkenzeller Turnerinnen mit ihrem Turnwart Wilhelm Müller. Der örtliche Verein entstand 1910 – um Nachwuchs musste sich der TV Schenkenzell keine Sorgen machen.

In der Nachkriegszeit unterhielt rund um Kaltbrunn die Edelweiß-Kapelle mit Oswald Harter, Engelbert Schmieder, Eugen Harter, Lorenz Schmieder und Andreas Schmid bei zahlreichen Anlässen. Im Hintergrund ist die Gastwirtschaft „Zum Georgsritter" auf dem Kaltbrunner Roßberg zu sehen. Mitten durch das Gebäude verlief die badisch-württembergische Landesgrenze.

◄ Noch um 1960 blieb für viele Frauen nur ein Arbeitsplatz in der Küche. Hier werden Ende der 1950er-Jahre junge Frauen in einer Hauswirtschaftsschule ausgebildet.

Nach Jahren der Entbehrung waren die Läden wieder gefüllt. Den aufkeimenden Wohlstand durch Wirtschaftswunder und die neue D-Mark genossen auch die Menschen hierzulande. Der Strukturwandel hatte aber längst noch kein Ende erreicht.

In der Nachkriegszeit ein praktisches Transportmittel der Alpirsbacher Firma Steurer. Ernst Langeneckert konnte mit beiden Händen lenken und die Geschwindigkeit bestimmen. Während der Fastnachtszeit fand das Gerät weitere Verwendung: zum Transport der Narren. Im Hintergrund das „Gasthaus zum Bierkeller", der sich tatsächlich auch in einem Gewölbe darunter befand. Rechts ein Güterschuppen der Bundesbahn.

Sie war die erste Hundertjährige in der Geschichte Schenkenzells: Luise Sum. Am 24. August 1946 wurde sie auf der Staig groß gefeiert. Ihr zu Ehren spielte der Musikverein. Wolfachs Landrat Hess gratulierte der früheren Amtsbotin, einer Zeugin der wechselvollen Geschichte der Bewohner des Kinzigtals.

Leben im Kinzigtal

Postkarten, Gemälde, Heimatromane usw. – wohl keine andere Region Deutschlands ist so vielfältig dargestellt wie der Schwarzwald. Für viele Menschen ist er ein Sehnsuchtsort, ein Stück heile, ursprüngliche Welt. Die Trachtenträgerinnen mit ihren Bollenhüten oder die typischen Schwarzwaldhäuser, die hier heimische Kirschtorte oder der Schinken, urwüchsige Wälder und naturnah gehaltene Kühe lassen Jahr für Jahr Millionen Gäste in den Südwesten pilgern. Was aber inzwischen auch ein nicht mehr wegzudenkender Erwerbszweig ist, hat nicht allein eine lange Tradition – so nahm der Massentourismus bereits vor mehr als 100 Jahren vom Schwarzwald Beschlag – sondern fußt auch auf wirklicher Einzigartigkeit der Region.

Die tiefgezogenen Dächer der alten Hofgebäude geben als Zeugen der Vergangenheit noch immer einen Eindruck vom einstigen harten Leben im Einklang mit der Natur. Tatsächlich aber begegnen den Reisenden noch immer zahlreiche Holztransporter. Der natürliche Reichtum des Schwarzwalds ist dank nachhaltiger Forstwirtschaft nicht versiegt. Und dann gibt es noch die sprichwörtliche Mühle am rauschenden Bach. Einst bevölkerten an Kanälen entlang der Flüsse wie der Kinzig beinahe an jeder Ecke solche kleinen Kraftwerke die Täler, heute erzeugen sie zumindest ein wohliges Gefühl der Nähe zur Natur. Eine Region voller Klischees. Dank der Medien werden sie weiter verbreitet, doch in vielen dieser in den Köpfen der Menschen steckenden Bildern steckt ein wahrer Kern.

In Wirklichkeit ist natürlich auch der Schwarzwald eine vom Menschen geprägte Kulturlandschaft. Gerade das Kinzigtal ist dafür ein beredtes Beispiel. Den gleichen Weg, den der Fluss auf seinem Weg von Ost nach West nimmt und so Nord- und Südschwarzwald teilt, nahmen und nehmen die Reisenden von der Römerzeit bis in die Gegenwart. Straßen vom unbefestigten Weg bis zur modernen Bundesstraße, bis in das 19. Jahrhundert die Flößerei und seither eine Eisenbahnlinie – sie alle folgen dem Verlauf des Flusses, den die Einheimischen nur liebevoll ihren „Bach“ nennen. Das Kinzigtal ist so zu einer Lebensader geworden, an der sich die Menschen angesiedelt haben, in der sie mit dem Fluss ebenso leben wie mit den vielen Wäldern. Die Berghänge begrenzen den Lebensraum und erzeugen bei Manchem gar ein Gefühl der Eingezwängtheit. Gleichzeitig wachsen im stärker von der Sonne verwöhnten unteren Kinzigtal sehr bekömmliche Weine. Raues Mittelgebirgsklima und sonnenverwöhnte Rheinebene – die Kinzig verbindet beides miteinander. Die Menschen hierzulande haben sich dabei über die Jahre ein starkes Gespür für den Erhalt des Ursprünglichen bewahrt.

Dabei forderte gerade die erste Hälfte des 20. Jahrhunderts die Kinzigtäler heraus. Später als anderswo setzte die Industrialisierung ein, gerade junge Menschen lockte ein Leben in den wachsenden Metropolen anstelle harter, schlecht bezahlter Arbeit auf den Höfen und in den Werkstätten. Abgelegene Ortschaften verloren Einwohner, während entlang der Eisenbahn die Zahl der Pendler wuchs.

Viele kleine bäuerliche Betriebe gerieten durch den Trend zur kapitalintensiven Mechanisierung in den 1930er-Jahren in Nöte. Ihre Erträge, vielfach im Nebenerwerb erwirtschaftet, reichten nicht mehr aus. Landwirte mit ausreichenden Ressourcen schufen sich hingegen durch gezielte Investitionen eine stabile wirtschaftliche Basis. Die Hofgrößen nahmen ebenso zu wie der durchschnittliche Viehbestand. Das Rückgrat stellte aber wie seit jeher der Reichtum der Wälder dar. So prägen zahlreiche traditionsreiche Höfe bis in unsere Tage das Bild der Region und geben ihr geradezu ein – neudeutsch ausgedrückt – „Branding". Und die „guten Stuben" der Höfe sahen noch um 1960 oft so aus wie schon 100 Jahre früher. Aber mindestens ein Radio zeugte inzwischen von der neuen Zeit.

Die aufkeimende Industrie veränderte dennoch die Erscheinung des Kinzigtals. Textil-, Papierindustrie und Feinmechanik traten an die Stelle der alten Glashütten. Der natürliche Reichtum (Wasser, Holz) spielte hier ebenso eine Rolle wie das überlieferte Wissen der Kinzigtäler. Städte wie Haslach oder Hausach wuchsen mit ihren Schornsteinen und Arbeitersiedlungen zu kleinen Arbeiterstädten.

Moderne Technik auf der einen Seite, aber auch Rückbesinnung auf ursprüngliches auf der anderen. Gerade nach dem Ersten Weltkrieg erlebte die Tracht noch einmal einen Höhepunkt. Ebenso wie der Wald kann sie lange Zeit geradezu als „Kleid der Heimat" bezeichnet werden. Nicht allein zum sonntäglichen Kirchgang, sondern auch zu vielen anderen Anlässen zeigten die Kinzigtäler in ihren farbigen Kleidern, geschmückt mit Schäppel oder dem berühmten Bollenhut, ihre Heimatverbundenheit.

So veränderte sich in den vier Jahrzehnten vom Ende des Ersten Weltkriegs bis zum ersten Jahrzehnt der jungen Bundesrepublik das Lebensumfeld der Menschen, auch wenn sich ihre Umwelt äußerlich als erstaunlich stabil zeigt. Nur relativ geringe Kriegszerstörungen und vorsichtige Eingriffe in die gewachsene räumliche Struktur einerseits, andererseits der Rückgang landwirtschaftlicher wie kleingewerblicher Erwerbsstrukturen prägten diese Jahre.

Heute kann ein Besucher sich vielerorts noch gut anhand von Stadtplänen und Fotos vor 1920 orientieren. Hinter den Mauern hat sich das Leben jedoch spürbar verändert. Die vielen schönen Postkartenmotive unserer Tage zeigen Tradition und locken so auch Touristen an. Zugleich hat sich die Region zu einem hochmodernen Standort gewandelt. Die Grundlage zu dieser Entwicklung wurde in den hier dargestellten Jahren zwischen 1910 und 1960 gelegt.

Von Achern bis zur Hornisgrinde
Bilder der Fotografenfamilie Max Pache

Manfred Decker,
Hans-R. Fluck

978-3-95400-347-1
19,99 €

Sagen aus dem Ortenaukreis

Willi Keller

978-3-95400-484-3
19,99 €

Klaus Nagel
Weihnachten im Schwarzwald
SUTTON